조선의 전문가 나야, 나!

재미만만 한국사 14

조선의 전문가 나야, 나!

초판 1쇄 발행 2020년 9월 23일 | 초판 12쇄 발행 2024년 2월 21일

글 보린 | 그림 허아성 | 감수 하일식

발행인 이봉주 | 편집장 안경숙 | 기획 안경숙, 구름돌 | 편집 및 디자인 구름돌
디자인 포맷 구름돌, 민트플라자 송지연 | 마케팅 정지운, 박현아, 원숙영, 김지윤, 황지영 | 제작 신홍섭

펴낸곳 (주)웅진씽크빅 | 주소 경기도 파주시 회동길 20 (우)10881
문의전화 031)956-7403(편집), 031)956-7569, 7570(마케팅)
홈페이지 www.wjjunior.co.kr | 블로그 blog.naver.com/wj_junior
페이스북 facebook.com/wjbook | 트위터 @new_wjjr | 인스타그램 @woongjin_junior
출판신고 1980년 3월 29일 제406-2007-00046호 | 제조국 대한민국

글ⓒ보린, 2020 | 그림ⓒ허아성, 2020
저작권자와 맺은 특약에 따라 검인을 생략합니다.

웅진주니어는 (주)웅진씽크빅의 유아·아동·청소년 도서 브랜드입니다.
이 책은 저작권법에 의해 한국 내에서 보호를 받는 저작물이므로 무단전재와 복제를 금하며,
이 책 내용의 전부 또는 일부를 이용하려면 반드시 저작권자와 (주)웅진씽크빅의 서면 동의를 받아야 합니다.

ISBN 978-89-01-24417-4 · 978-89-01-24403-7(세트)

잘못 만들어진 책은 바꾸어 드립니다.

▲주의 1. 책 모서리가 날카로워 다칠 수 있으니 사람을 향해 던지거나 떨어뜨리지 마십시오. 2. 보관 시 직사광선이나 습기 찬 곳은 피해 주십시오.

조선의 전문가 나야, 나!

글 보린 | 그림 허아성

웅진주니어

 재미만만 한국사 조선 **차례**

1. 글자 전문가, 세종의 비밀 계획
6~39쪽

이름: 세종
성격: 어질고 정이 많음.
업적: 한글 창제

한 분야를 전문적으로 연구하는 지식인 스타일 왕. 백성들을 사랑하는 마음은 조선 왕중왕으로, 조선의 문화와 과학을 한층 업그레이드한다.

2. 공부 전문가, 조선의 두뇌가 되다
40~61쪽

이름: 이석형, 신숙주, 이개, 박팽년, 성삼문

조선의 두뇌인 집현전의 젊은 학자 5인방으로, 세종의 든든한 조력자들! 조선에서 둘째가라면 서러울 정도로 똑똑하다.

3 과학 전문가, 장영실의 생생 생방송
62~83쪽

이름: 장영실

별명: 황금 손

특기: 하늘 관찰

천문을 관찰하는 도구에서부터 왕이 타고 다니는 가마까지 못 만드는 게 없는 황금 손을 가졌다. 세종과 손발이 척척 맞는다.

4 국방 전문가, 국경의 골칫덩이를 다스리다
84~109쪽

이름: 김종서

직업: 장군

성격: 평화주의자

과거 시험에 학문으로 합격한 문관 출신인데 장군이 되었다. 강직하고 지략이 뛰어난 데다 일솜씨까지 깔끔하다.

1. 글자 전문가, 세종의 비밀 계획

아버지가 나한테 왕이 되라고 하신 날,
나는 가슴이 덜컥 내려앉았어.
"큰형과 작은형이 있는데
　　　제가 왕이 되다니요!"
하지만 우리 아버지는 한번 결정을 내리면
　　　그걸로 끝이시거든.
　　누구 말도 듣지 않으셨지.

나는 이도, 세종이라면 알려나?
조선의 네 번째 왕이 바로 나야.

지금이야 인기 만점 존경받는 왕이고,
너희 시대에서는 '세종 대왕'으로 불리지만,
왕이 될 때만 해도 나는 참 고민이 많았어.
우리 집에서 권력 서열로 치자면 4위였거든.

원래는 큰형이 왕이 될 예정이었는데,
큰형은 뭐랄까, 노는 걸 엄청나게 좋아했어.
궁궐 안까지 사람들을 끌어 들여 놀면서
공부는 뒷전이었지.
그래서 아버지의 눈 밖에 나서, 탈락!
우리 작은형?
작은형은 큰형이랑 완전히 반대라
노는 데는 별로 흥미가 없었어.
성격은 모범생 자체, 융통성도 너무 없어서, 탈락!

결국 아버지는 나를 고르셨어.
왜 나를 고르셨냐고?
음…… 글쎄?

생활 기록부

이름: 이도

독서, 외국어, 수학, 음악, 미술
전 과목 매우 잘함.
단, 체육은 조금 더 노력해야 함.

책 한 권을 백 번씩 읽을 만큼
책을 좋아하고 열심히 공부함.
성품이 어질어서 감탄이 저절로 나옴.
보통 인물이 아닌 듯!

어릴 적 내 생활 기록부를 봐 봐.
우리 아버지가 나를 예뻐하실 만했지.
게다가 아버지는 내가 성품이 어진 걸 가장 마음에 들어 하셨어.

황희와 몇몇 신하들이 좀 반대하기는 했지만,
아버지는 뜻을 굽히지 않으셨어.
"경험을 쌓을 때까지 내가 충녕을 도울 테니까,
잔소리 말고 진행해."
그렇게 나는 왕이 되어 버렸어.
그게 내 나이 22세.
너희 시대로 치자면 고등학교를 졸업하고 3년 뒤,
바로 왕으로 일하게 된 셈이랄까?

왕이 되고 나서 4년 동안,
군사 문제 등 중요한 나랏일을 처리할 때마다
아버지가 나를 도와주셨어.
아버지 덕분에 나는 점점 왕다운 왕이 되어 갔지.

왕이 되니까 가장 좋은 점이 뭔 줄 알아?
좋아하는 일을 마음껏 할 수 있었다는 거야.
뭘 좋아하느냐고?
백성들을 위하는 일!
나는 왕자일 때부터 백성들을 무지무지 사랑했어.
자나 깨나 백성들 생각,
어떻게 해야 백성들이 잘 살 수 있을지 날마다 고민했지.
백성들한테 꼭 필요한 일이다 싶으면,
시간이 아무리 걸려도 하나하나 꼼꼼하게 따졌어.
백성들을 힘들게 하고 싶지 않았으니까.
백성들을 위해서라면 별별 일을 다 했지!

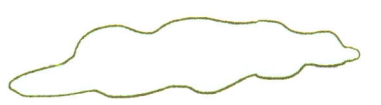

별별 일 1.

무엇보다 먼저 해결할 문제는 세금이었어.
세금 제도가 불안정해서 힘들어하는 백성들이 많았거든.
나는 백성들의 짐을 덜어 줄 좋은 방법을 찾고 싶었지.
그래서 백성들에게 묻기로 했어.
아마 최초의 여론 조사였을걸.

이렇게 시작한 세금 제도 개혁은 고치고
다시 고치고 해서 한참 후에 자리를 잡았지.
세금 부담이 줄어들어 백성들이 환히 웃는 모습을
생각만 해도…….

별별 일 2.

툭하면 가뭄에, 장마에, 농사를 망쳐서 배곯는 백성들을
생각하면 잠을 이룰 수가 없었어.
나는 해마다 백성들의 농사가 어떻게 되어 가는지 살폈어.
"굶는 백성 0명에 도전한다!
농사는 나라의 기틀, 살피고 또 살핀다!"

별별 일 3.

"가장 신분이 낮은 노비라도 그렇지,
아기를 낳고 열흘밖에 쉴 수 없다니!
갓난아기는 누가 돌보고, 막 아기를 낳은 엄마는 누가 보살피나?"
나는 노비들의 휴가를 쭉 늘렸어.

별별 일 4.

뭐니 뭐니 해도 내가 백성들을 위해 가장 정성을 들인 건
쉽고 편한 새 글자를 만드는 일이었어.
훈민정음, 바로 한글이고, 나는 비밀리에 그 일을 시작했어.
오죽했으면 신하들 사이에서 나에 대한 소문이 다 돌았을까!
뭔가에 홀딱 빠져 헤어 나오지 못하고 있다고.

하지만 새 글자 만들기가 어디 그리 쉬울까.
뭐든 새로 만드는 건 아주아주 어려워.
이전까진 세상에 없던 거니까.
그래서 나는 세자에게 나랏일을 맡기고 새 글자를 만드는 데
온 힘을 기울였어.
중국, 일본, 몽골, 여진, 인도 등
여러 나라의 언어학책도 연구했어.

그러다 보니 조선에 둘도 없는
글자 전문가가 되어 버렸지 뭐야.

하하하

나는야 조선 최고의
글자 전문가!

백성들이 쉽게 배울 수 있는 글자 만들기

쉽게 배울 수 있는 글자는
우리말을 소리 나는 그대로 쓸 수 있는 글자!

- 소리! 소리는 어디서 어떻게 나는 걸까?
- 어디서? 당연히, 소리는 입에서 나지!
- 어떻게?
  입 안을 살펴보자!
  목구멍, 입술, 이가 어떻게 움직여서 소리를 낼까?

나는 온갖 걸 연구하고, 온갖 책을 다 읽었어.
물론 한글을 만들고 있다는 건 비밀로 한 채 말이야.
연구를 거듭한 끝에 한글은 차츰 모양을 갖추어 갔어.
어떤 원리로 만들었느냐고?
궁금하다고?
하긴 갑자기 툭 튀어나온 글자이니까 궁금할 만도 하지.
중요한 원리는 세 가지야.

첫째, 본뜨기

둘째, 획 더하기

셋째, 만물의 근본 담기

혀, 입술, 목구멍 같은 소리 나는 곳의
모양을 본떠 만들었어.
ㄱ, ㄴ, ㅁ, ㅅ, ㅇ의
닿소리(자음) 다섯 자는 이렇게 나왔지.

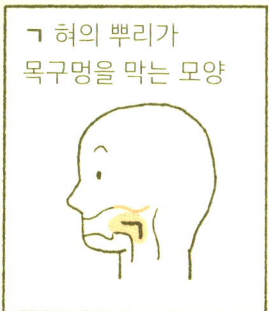

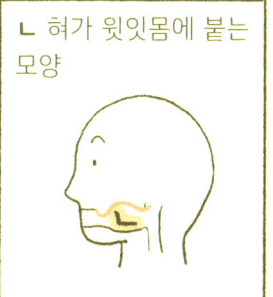

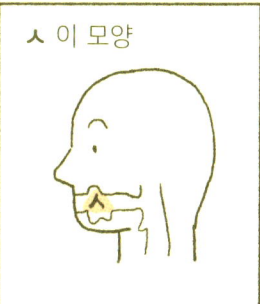

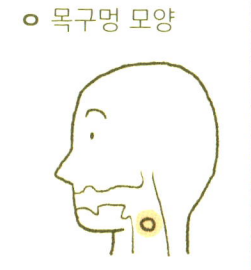

획 더하기

다음으로 닿소리 기본 글자 ㄱ, ㄴ, ㅁ, ㅅ, ㅇ에
획을 더해 더 센 소리를 만들었어.
ㄱ→ㅋ, ㄴ→ㄷ→ㅌ, ㅁ→ㅂ→ㅍ, ㅅ→ㅈ→ㅊ, ㅇ→ㆆ→ㅎ
그리고 ㄹ, ㅿ, ㆁ을 더해서 닿소리 17자 완성!

만물의 근본 담기

마지막으로 홀소리(모음)에는
만물의 근본인 하늘과 땅,
사람을 담았어.
·는 둥근 하늘, ㅡ는 넓고 평평한 땅,
ㅣ는 꼿꼿이 서 있는 사람을 본떴지.
여기에 획 더하기로 만든
ㅗ, ㅜ, ㅓ, ㅏ, ㅛ, ㅠ, ㅕ, ㅑ까지
홀소리 11자!

한글 28자 모두 완성!

모양은 간단해도 요리조리 붙여 쓰면 못 쓸 말이 없어.
이제 우리말을 소리 나는 대로 쓸 수 있게 됐어.
나는 가슴이 두근거렸어.
온 백성이 글자를 알게 되면 얼마나 좋을까?
이 글자가 완성되면 세상이 바뀔 거야.
우리 백성들, 지금보다 훨씬 행복해지겠지?

하지만 한글을 선보이자마자 난리가 났어.
신하들이 벌 떼처럼 들고일어났지.
내가 이럴 줄 알았어.
그래서 꼭꼭 숨어서 한글을 만든 거야.
내 편을 들어주는 신하도 여럿 있었지만
반대파도 만만치 않았어.

전하, 지금까지 우리 조선은 모든 걸 중국이 하는 대로 했잖아요.
그런데 새 글자라니요? 일본이나 몽골, 여진 등 오랑캐 좀 보세요. 하나같이 한자를 안 쓰고 자기네 글자 쓰잖아요. 왜 굳이 오랑캐가 되려고 하세요?

그럼 백성들은? 글을 몰라서 불편한 게 한둘이 아닌데, 내버려 두자고?
백성들보다 중국이 더 중요해?

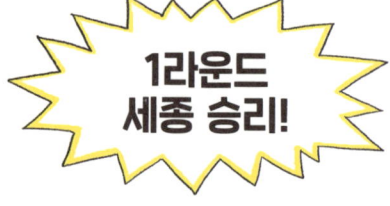

전하, 그냥 이두 써도 되잖아요.
이두를 사용한 지 오래되었으니까
그리 불편할 것도 없어요.
한자 공부 많이 안 해도 쓸 수 있잖아요.
굳이 왜 새로운 글자를 익혀야 하는지요.

이두도 결국 한자를 알아야 쓸 수 있는
글자 아닌가. 일반 백성들은 여전히 힘들어.
한글은 한자를 몰라도 쓸 수 있는
쉬운 글자야.

끙!

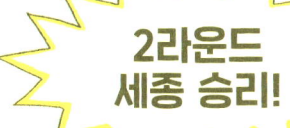

2라운드
세종 승리!

전하, 좋아요. 인정! 한글이 쉽긴 합니다. 근데 말이죠, 한글만 배워도 잘 먹고 잘 살면, 누가 어려운 한자를 배우려고 하겠어요? 수십 년 뒤엔 분명히 한자를 아는 백성들이 확 줄어들 거라고요.

누가 그래? 한자의 표준 발음도 정해서 쉽게 배울 수 있게 할 계획이야. 한글만 쓰는 게 아니라 한자도 쓸 거야. 이제 답이 되었는가?

끙!

3라운드 세종 승리!

듣자 듣자 하니까……

뭐, 결과적으론 내가 깔끔하게 이겼지만,
나는 신하들에게 몹시 화가 났어.
반대하는 이유가 오로지 중국! 중국! 한자! 한자!
백성을 생각하는 마음이 이렇게도 없을 수가!
그래서 반대파에게 벌을 내렸지.

나는 우선 집현전 학자들에게 한글을 공부하게 했어.
내가 글자 전문가라면, 집현전 학자들은 공부 전문가야.
그들 가운데 몇 명은 특히 나랑 손발이 척척 맞았지.
나는 집현전 학자들의 도움을 받아 한글을
널리 퍼트렸어.

나는 앞장서서 한글을 쓰고,
관리를 뽑을 때 한글 시험도 치게 했어.
한글을 알리기 위해 집현전 학자들을 시켜 관청도 만들었지.
한글 공부법을 싹 정리한 책도 펴냈어.

슬기로운 사람은 하루 만에,
어리석은 사람이라도 열흘이면 한글을 배울 수 있다는 말씀!
어떻게 그리 쉽게 배울 수 있냐고?
그건 너희도 알잖아.
소리 나는 대로 글자를 쓰니까 그렇지.
그래서 한자로는 쓸 수 없는
개 짖는 소리, 고양이 우는 소리도 쉽게 쓸 수 있어.
'멍멍멍!', '야옹!'. 어때, 쉽지?
못 만드는 소리가 없고, 나타내지 못할 뜻이 없어.

내가 아무리 뛰어난 글자 전문가라고 해도
집현전 학자들의 도움이 없었다면 힘들었을 거야.
자, 이제부터 내 두뇌 집단,
공부 전문가 집현전의 인재들을 소개할게!

2 공부 전문가,
조선의 두뇌가 되다

"안녕하세요! 우리는 조선의 두뇌, 집현전 5인방이에요!"
너희 시대라면
아마 우리를 이렇게 소개했을지 몰라.
우리는 집현전에서 일하는 젊은 학자들.
자, 지금부터 각자 이름 소개!
이석형! 신숙주! 이개! 박팽년!
마지막으로 성삼문!
우리 다섯은 음, 집현전의 새 물결이랄까.
우리 5인방이 집현전은 어떤 곳인지,
우리 같은 공부 전문가는 무엇을 하는지
세세하게 알려 줄게!

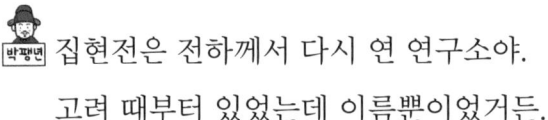 집현전은 전하께서 다시 연 연구소야.
고려 때부터 있었는데 이름뿐이었거든.

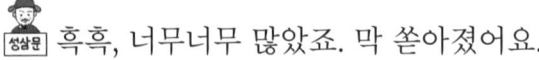 집현전이 어떤 곳이냐 하면, 조선의 두뇌 집단이랄까?

 나라를 세운 지 얼마 되지 않아 나랏일에 관해서 연구할 게 많았거든.

🎩 흑흑, 너무너무 많았죠. 막 쏟아졌어요.

🎩 그래서 우리같이 뛰어난 인재를 많이 데려다 놓은 거잖아.

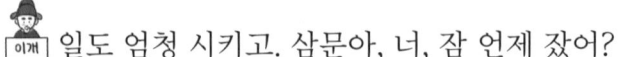 전하께서는 좋은 책을 모아 집현전에 보관했어.
그리고 젊고 우수한 학자를 모아 마음껏 연구하게 했지.

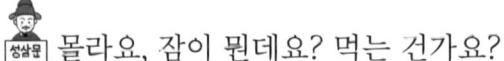 일도 엄청 시키고. 삼문아, 너, 잠 언제 잤어?

🎩 몰라요, 잠이 뭔데요? 먹는 건가요?

 하지만 집현전 들어가기는 하늘의 별 따기였어.

🎩 아주 똑똑해야 들어갈 수 있었으니까.

🎩 난 빼고요. 여기서 꼴찌잖아요.

🎩 이개, 네가 왜? 우리 중에서야 그렇지.
너도 엄청난 수재잖아?

집현전을 거쳐 간 인재는 96명.

거기서 46명, 즉 절반 가까운 수가 식년시 5등 안에 들었어.

식년시는 3년에 한 번씩 치는 과거 시험으로

딱 33명만 뽑았는데, 그중 5등 안에 들었다면?

수재 중의 수재였다는 말씀.

이석형 - 과거 시험 1등
(과거 시험에서 무려 세 번이나 장원한 공부왕.)

박팽년 - 과거 시험 2등
(연구도 잘하고 글도 잘 쓰는 재간둥이.)

신숙주 - 과거 시험 3등
(온갖 외국어에 능통한 천재.)

성삼문 - 과거 시험 4등
(중국의 동쪽에 있는 나라 중에서 가장 지식이 뛰어난 사람이라고 중국 사신에게 칭찬받음.)

이개 - 과거 시험 8등
(시를 기가 막히게 잘 짓는 선비.)

그거 알아? 우리 집현전에 벌레가 수두룩하다는 거?

 예? 정말요?

 저기도 하나 지나가네.

 신숙주 형이요?

 나? 내가 뭐?

 너, 책벌레라고.

 아하! 크크.

 나 참, 여기 책벌레, 일중독 아닌 사람이 어디 있다고.

 집현전에서 가장 중요한 건 뭐니 뭐니 해도 실력이니까 그럴 수밖에.

 집현전 학자 김문은 뭐든 물어보면 척척 답해서 전하께서 아끼는 학자였어. 어머니가 천대받는 무당이었지만 과거 시험에 합격! 집현전은 조선의 최고 중 최고만 모아 놓은 곳이지.

집현전은 여러 분야의 실력자들로 북적였어.
또한 한 분야가 아니라 여러 분야를 잘하는 학자들도
많았어.

글씨면 글씨, 시면 시, 그림이면 그림, 재능 많은 강희안입니다!

문과 장원 급제 출신이지만 수학과 과학이 특기인 정인지입니다!

활자 제작과 천문학을 맡은 김빈입니다!

천문학과 음악이 전문가 수준! 박연입니다!

 그런데 집현전이 정확히 뭘 하는 곳이냐고?
집현전은 책을 관리하는 도서관이자,
공부하는 연구 기관이야.
그리고 왕의 자문 기관, 즉 의논 상대이기도 하지.

 킁킁, 향기로운 책 냄새!

 집현전은 책을 모아 놓은 곳이자,
책을 읽을 수 있는 곳, 도서관이라고도 할 수 있지.

 이 많은 책을 어떻게 다 모았을까요?

 서울이건 지방이건 가리지 않고 사들이고, 기증도 받았어.

 사신들이 중국에서 사 온 책도 많았다면서요.

 말도 마. 중국 출장 가면 아예 서점 근처에 방을 잡고,
새로 나온 책을 두 권씩 사 오라고 했대. 같은 책을 말이야.

 전하께서요? 똑같은 책을 두 권씩이나요?

 찢어지거나 빠진 쪽이 있을까 그런 거야. 게다가 절판된
책은 중국 황제에게 편지까지 써서 구해 달라고 했다잖아.

 아이고, 이렇게 많은 책이 다 어디서 났나 했더니!

 책이 너무 많아서 건물까지 새로 지었잖아.

 신숙주 형, 어제 형 옆에서 책 읽고 싶었는데.

 근데?

 자리가 꽉 찼던데요.

 하긴 집현전엔 자리가 빌 틈이 없지.

 다들 연구하느라 바쁘잖아요.
역사, 천문학, 의학, 농사, 언어…….

 지난번엔 누군가 집 짓는 법도 조사하더라.
옛날 책을 뒤져 가면서.

 으아! 힘들었겠다.

 뭔가를 연구하려면 누구나 그렇게 하지 않니?
옛날 책뿐 아니라 중국 책도 읽고.

 하긴 그게 집현전에서 하는 일이지요.
그렇게 연구하고 책 쓰고, 또다시 연구하고 책 쓰고.

 전하께선 경연하는 것을 무척 좋아해.
신하들과 공부하고 토론하고, 또 공부하고 토론하고.
삼문아, 넌 골치 안 아파? 전하께서 엄청나게 물어보잖아.

 골치 아프긴요. 흐흐, 그래도 공부는 많이 하고 가야 해요.

 아유, 우리 전하께선 틈만 나면 경연이야!

맞아요, 나랏일도 물어보고, 백성들과 관련된 일은
더 물어보고요.
"지방 관리들이 일을 열심히 안 하는 것 같은데,
감찰을 보내 감독하고 살필까?",
"어떻게 나라를 다스려야 백성들이 가난에서
벗어날 수 있을까?" 하고 말이에요.

 질문, 또 질문. 경연, 또 경연.

 크크, 전하께서 우릴 그만큼 믿는다는 거죠.

 하긴. 그러니까 우리도 열심히 하지.
전하의 기대에 따르려고 말이야.

그뿐 아니라 집현전에서는
나라를 다스리는 법, 도덕 등을 다시 고치고,
이웃 나라에 보내는 글도 쓰고,
책도 수두룩하게 펴냈지.

 훈민정음을 알리는 데도 힘을 보탰잖아요!
일이 너무 많다고 불만을 늘어놓는 학자도 있었어요.

일이 좀 많긴 해도 집현전은 좋은 일터였어.
전하께선 집현전 학자들을 무지 챙겼거든.

신숙주의 다이어리

새벽 별 보면서 일하러 나왔다가
오늘도 집에 못 들어갔다.
하도 피곤해서 깜빡 잠들었다 깨어 보니
전하께서 그 귀한 담비 털옷을 덮어 주고 가셨다.
흑! 감동!

집현전 혜택 목록

1. 경치 좋은 일터. 심지어 전하 집무실과 가까운 곳에 있음.

2. 뒷바라지할 일꾼을 붙여 줌. 공부에만 몰두할 수 있음.

3. 지방 근무가 없음. 이리저리 옮겨 다니지 않고, 수도인 한양에서만 일할 수 있음.

4. 자유로운 출근, 퇴근 시간.

5. 조선 곳곳에서 전하께 바친 귀한 것도 가끔 얻어먹을 수 있음.

6. 책 읽고 공부할 휴가 제공! 월급을 받으면서 무려 3개월씩이나! 사가독서제!

[박팽년] 그러다 보니 십 년이 넘도록 집현전에 오래오래 머물며 공부한 학자들이 많았어.

[신숙주] 그렇게 공부, 또 공부한 끝에 공부 전문가, 집현전의 학자들은 수많은 일을 해냈어.

[이개] 특히 책과 글을 많이 남겼지.

[성삼문] 하나같이 나라와 백성들한테 도움이 되는 것이었다는 말씀!

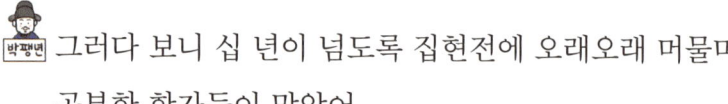

집현전 5인방의 명작 소개 시간

자, 첫 번째 명작이 나갑니다!

농사꾼들을 위한 필독서! 우리 땅에 맞는 우리 농사법, 농사는 내게 맡겨라!

농사직설

씨앗 보관법, 밭 가는 법, 병충해 없애는 법이 실려 있습니다.

이 책을 쓰느라 경험 많은 농부를 일일이 찾아다녔어요. 아이고, 다리야!

우와, 고생한 만큼 결과가 좋았나요?

물론이죠. 이 책 덕분에 수확량이 몇 배로 늘어났다고 하죠!

박팽년 50가지가 넘는 책과 수백 편의 글이 있지만,
오늘은 여기까지!

 성삼문 앞으로 집현전 5인방,
그리고 우리 공부 전문가 집현전 학자들,
많이많이 사랑해 주세요!

3 과학 전문가, 장영실의 생생 생방송

방송 시작하겠습니다!
저는 조선의 황금 손 장영실인데요,
오늘 여러분께 제가 만든 발명품 자격루를 소개할게요!
자격루가 무엇인지 들어 봤다고요?
대단하네요.
그럼 모르는 사람을 위해 설명!
자격루는 자동 물시계인데요,
물이 흐르는 것을 이용하여 스스로 소리를 나게 해서
시간을 알리도록 만든 거죠.
자격루로 시간을 어떻게 재는지는
조금 있다 다시 설명할게요.

전하께서는 누누이 말씀하셨어요.
"백성들이 배불리 먹고,
나라가 튼튼해지려면 과학을 발전시켜야 한다!"

그래서 이런 목적에 도움이 된다 싶으면 누구든
신분을 가리지 않고 불러서 곁에 두셨어요.
"장영실, 너는 내 옆에 딱 붙어 있거라!"
제가 노비 출신이거든요.
그런데 손재주가 좋다고 소문이 나서 불려 왔죠.

저는 원래 관가에 속해 있던 노비였어요.
조선에서 노비는 아주 천한 신분이라,
솔직히 이렇게 출세할 줄은 몰랐어요.
제가 손재주가 아주 좋았거든요.
이것저것 잘 고치고, 잘 만들고 그랬어요.
제가 살던 마을에서 소문이 자자했죠.

그래서 우리 마을을 다스리는
현감님이 나라에 저를 추천했어요.

사실 저를 처음 궁궐로 불러들인 분은 태종이셨어요.
저는 좋아서 강중강중 뛰었죠.
궁궐에 들어가선 뭐든 열심히 만들었어요.
그런 저를 전하께서 눈여겨보신 거죠.
전하의 명을 받고 명나라까지 가서 잠깐 연구도 하고 왔으니까요.

전하께선 제가 일을 잘한다고 벼슬까지 내리신 거 있죠!

그뿐이 아니었죠.

"크기가 각각 다른 대, 중, 소 돌 등잔을 만들어 오거라."

"푸른 옥을 캐 오거라."

"돌멩이로 금과 은을 만드는 기술을 알아 오거라."

전하께서 저를 그만큼 남달리 아끼신 것일 수도 있지만,

아휴, 쉴 틈이 없었다니까요.

뭐, 보람은 있었어요.

제가 조선 최고의 과학 전문가가 되었으니까요.

또 그렇게 열심히 일한 덕분에

조선의 과학 기술도 한 단계 더 발전했고요.

근데 자격루는 언제 소개할 거냐고요?
예예, 많이 기다렸죠?
이게 바로 제가 만든, 자동으로 시간을 알리는
물시계 자격루랍니다.
어때요? 겉보기에도 근사하지요?

척 보면 알겠지만 이게 재료가 많이 들어가는 물건이에요.
항아리, 원통 모양의 길쭉한 통, 징, 북, 종, 나무 인형 등.
게다가 작동 방법도 좀 복잡하고요.

1. 큰 항아리에서 작은 항아리로 차례로 물이 흐르게 한다.

2. 물이 항아리를 거쳐서 나무 잣대가 꽂혀 있는 길쭉한 통으로 들어간다.

3. 길쭉한 통에 물이 차오르면 나무 잣대가 점점 떠오른다.

4. 나무 잣대가 떠오르면 구슬 받침이 기울고 쇠구슬이 또르르 굴러 내려간다.

5. 쇠구슬이 나무 인형과 연결된 끈을 움직이면 인형의 팔이 땡땡 종을 친다.

6. 쇠구슬이 계속 굴러 내려가서 시각이 쓰인 패를 든 인형에 연결된 접시를 누르면 그 인형이 올라온다.

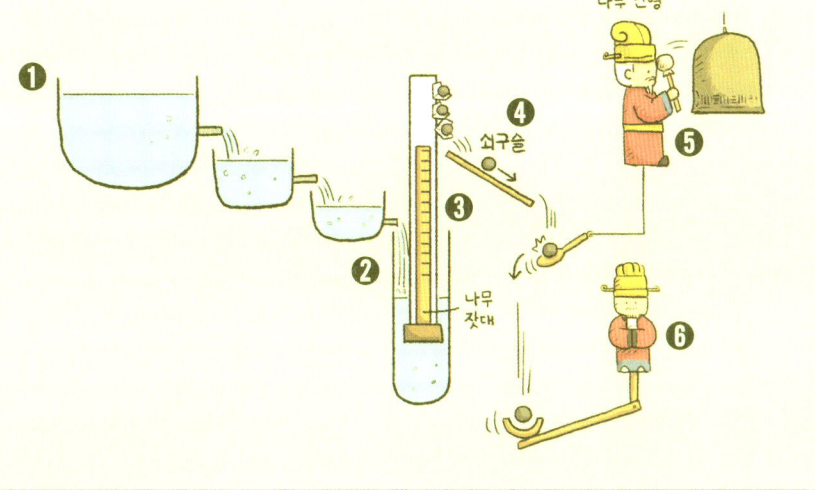

자격루는 하루 열두 번, 정해진 때가 되면
나무 인형이 움직여 징과 북, 종을 쳐요.
시패를 든 나무 인형은 시각에 따라 열두 개가 있어,
1시부터 12시의 시각을 알려 주죠.
그 시각에 맞춰 조선의 하루가 돌아갔어요.
자격루는 조선의 표준 시계 역할을 톡톡히 했어요.
최첨단 시계 자격루!
중국, 아라비아에 이어 세계에서 세 번째로
조선이 자동 시계 기술을 가진 나라로 우뚝 섰지요.
자격루에서 종이 울리면 경복궁 정문 광화문에서 큰 종이 뎅!

 아, 질문이 올라왔네요.

시계짱좋아님,
"영실님, 자동 물시계 말고 다른 시계도 만들어 보셨나요?"

아, 물론 자격루 만들기 전에 만든 시계가 있죠.
한양은 성벽으로 둘러싸여 있어 성문을 통해 드나들었는데,
성문은 낮에 열려 있고 밤에 닫아, 열고 닫는 시간을 알아야 했어요.

그래서 만든 게 수동 물시계 경점기.
저녁 7시부터 다음 날 새벽 5시까지, 밤 시간을 다섯으로
나눈 게 '경', '경'을 다시 다섯으로 나눈 게 '점'이에요.
그러니까 경점기는 밤 시간을 정확하게 알기 위해 만든 시계죠.

경점기는 관원이 지켜보고 있다가 잣대를 보고
시각을 알리는 종이나 징을 울려야 했지요.
그런데 관원이 실수를 해서 시각을 잘못 알리거나,
졸다가 시각을 늦게 알리거나 할 때가 있었어요.
그래서 자동 물시계가 필요했던 거예요.
자격루를 왜 만들었는지 알겠죠?

또, 자격루랑 같은 해에 만든 해시계 앙부일구도 있어요.
해시계는 물시계보다 만들기도 간단했어요.
기계 장치도 필요 없고, 모양도 단순하고.
그래서 들고 다닐 수 있는 해시계인
천평일구, 현주일구도 만들 수 있었죠.

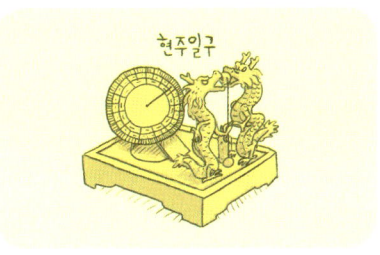

하지만 해시계는 꼭 하늘에 해가 떠 있어야 볼 수 있잖아요?
해가 지면 해시계는 쓸 수가 없죠.
그래서 별자리를 이용해서 밤에도 볼 수 있는 시계를
만들기도 했어요.

그러고 보니 제가 시계를 많이도 만들었네요.
질문 하나 더 올라왔습니다.
우아, 멋진 닉네임이네요!

아이러브장영실님,
"그렇게 많은 일을 혼자 다 하신 건가요?"

혼자라니요! 도움을 준 분들이 많았습니다.
제 별명이 황금 손이잖아요.
직접 만드는 일은 제가 주로 했고요,
이론이나 설계는 다른 전문가들이 도움을 주셨어요.
저랑 혼천의를 같이 만든 정초, 앙부일구를 같이 만든 이순지.
모두 엄청난 실력자였죠.
게다가 전하께서는 진짜 만능, 모르는 게 없으셨죠.

아, 그런데 혼천의가 뭐냐고요?

천문 시계예요.

하늘의 별이 어디에 있는지,

어떻게 움직이는지를 관찰하는 도구라고나 할까요?

혼천의는 계절의 흐름, 또 한 해를 스물넷으로 나눈 절기를

예측하는 데 꼭 필요한 물건이지요.

절기는 농사짓는 데 무지무지 중요하답니다.

씨를 뿌리는 일도 열매를 거두는 일도,

모두 절기에 맞춰야 했으니까요.

아 참, 농사 하니까 측우기도 생각나네요.
맨 처음 아이디어를 낸 분은
왕세자였어요.
전하께서 그 아이디어를 발전시켜
빗물의 양을 재는 도구를 만들라 하셔서
제가 측우기를 완성했지요.
여러분도 알다시피 벼농사를
잘 지으려면 비가 얼마나 왔는지
아는 게 아주 중요하거든요.
측우기가 없을 때도 비 온 뒤 빗물의 양을 재기는 했어요.
그런데 그때는 비가 내린 뒤,
빗물이 땅에 얼마나 스며들었나 재어 보는 식이었어요.

젖은 땅에다 자를 대어서 재려고 했으니
썩 좋은 방법이 아니었지요.
불편하기도 했고 땅마다 상태가 달라 정확하지도 않았어요.
하지만 측우기를 만들고 나서부터는 빗물의 양을
정확하게 잴 수 있게 되었어요.
원통 모양 그릇을 만들어 빗물의 양을 자로 재었으니까요.
과학적으로 벼농사를 지을 수 있게 된 거죠.

즐겁게 생방송을 진행하다 보니,
시간이 이렇게나 흘렀네요!
어디 자격루를 한번 작동해 볼까요?
또르르!
땡땡!

드디어 시각이 쓰인 패를 든 인형이 보이는군요.
아주 깜찍하지 않나요?

다그닥   다그닥

아, 저 멀리서 말발굽 소리가!
우리 조선의 든든한 국방 전문가 김종서 장군님한테도
자격루 하나 보내 드리고 싶네요.
아, 제 차례 끝났다고요?
네, 네, 그럼 얼른 소개할게요.
다음 순서는 북방의 호랑이, 김종서 장군님입니다!
책장을 넘겨요! 슝슝!

4 국방 전문가, 국경의 골칫덩이를 다스리다

안녕하신가!
나는 국방 전문가 김종서 장군일세.
별명은 북쪽의 큰 호랑이,
특기는 여진족 소탕,
싫어하는 건 추운 곳에서 지내기,
취미는 시 짓기라네.

북쪽 바람은 나무 끝에 불고
밝은 달은 눈 속에 찬데
　　나라 끝 먼 땅에서
　　　　큰 칼 한 자루 짚고 서서
　　긴 휘파람 큰 한 소리에
　　　거칠 것이 없어라.

나는 나랏일을 하면서 많이도 돌아다녔어.
충청도, 전라도, 경상도, 강원도 등
우리 조선에는 좋은 곳이 참 많아.
그런데 그 좋은 곳을 다 놔두고, 북쪽에서 13년을 있었어.
나라를 지키느라 평안도에서 1년, 함경도에서 12년.
거기가 어디냐 하면,
우리 조선의 북쪽 맨 끄트머리 국경선이 있는 곳이야.

겨울이면 징글징글하게 추운 곳.
오죽하면 전하께서 털옷이랑 털모자까지 챙겨 주실
정도였을까.

추운 곳을 싫어하는데 북쪽 맨 끄트머리에서
왜 그렇게 오래 있었느냐고?
아, 전하께서 있으라 하시니까 있었지.
돌아가고 싶다고 몇 번이나 졸랐는데,
들은 척도 안 하시더라고.

그럴 만도 했어.
남쪽에서는 왜구가 난리, 북쪽에서는 여진이
호시탐탐 조선 땅을 넘나들며 백성들을 괴롭혔지.
태종과 전하께서는 그런 골칫덩이를 두고 볼 분이 아니셨어.
게다가 조선을 세운 지 얼마 되지 않을 때라
국방을 튼튼히 하고 싶으셨고 말이야.

먼저 정리한 건 남쪽의 왜구였다네.
그 일은 태종께서 직접 도맡아 하셨는데,
왕위에 오른 지 얼마 되지 않은 전하를 돕기 위해 하신 일이야.
태종께서 왜 직접 나설 수밖에 없으셨는지 들어 보게.

그때 나 못지않은 국방 전문가 이종무 장군이 나섰어.
어려서부터 말타기면 말타기, 활쏘기면 활쏘기,
못하는 게 없었지.
젊을 적부터 왜구와 싸웠기에 경험도 많고 말이야.
이종무 장군은 배 여러 척을 거느리고 쓰시마섬으로 쳐들어갔어.
왜구는 그 배가 중국으로 갔던 자기네 배인 줄 알았지.

반갑다고 마중 나왔다가 맥없이 당하고 말았지.
우리 조선이 크게 이겼으니, 이종무 장군도 뿌듯했을 거야.

그런데 이종무 장군이 거기서 딱 끝냈으면 얼마나 좋았을까.
남은 왜구를 소탕하려고 쓰시마섬 깊숙이 군사를 이끌고
들어갔다가 패하기도 했거든.
어쨌건 결과적으로 승리였어.
그 뒤로 임진왜란 때까지 왜구는 잠잠했어.
첫 번째 골칫덩이인 왜구는 이종무 장군이 그렇게 해결했지.

하지만 두 번째 골칫덩이와 세 번째 골칫덩이,
북쪽 여진들이 여전히 문제였지.
압록강과 두만강, 각각 다른 곳에 살고 있던 그들이
언제부터인가 서로 손을 잡고 우리 조선을 약탈하기 시작했어.

전하께서는 조선 땅을 손톱만큼도 뺏기고
싶어 하지 않으셨어.
오히려 여진을 몰아내고 우리 조선 땅을 한 뼘이라도
넓히려는 꿈을 품고 계셨지.

그래서 북쪽 골칫덩이들을 처리하라고
최윤덕 장군과 나, 김종서를 보내셨다네.
최윤덕 장군이 맡은 게 두 번째 골칫덩이인
압록강 주변의 여진이고,
내가 맡은 게 세 번째 골칫덩이인 두만강 주변의 여진이었지.

최윤덕 장군

최윤덕 장군 역시 대단한 국방 전문가였다네.
아주 지혜롭고 용맹한 장수였지.
전해 오는 이야기 하나 해 줄까?
최윤덕 장군이 어린 나이에 소에게 풀을 먹이러 산에 갔다가
호랑이인 줄도 모르고 활을 쏘았다고 해.
허, 담이 세기도 하지.

최윤덕 장군은 군사들을 이끌 때는 엄했지만,
약한 사람은 보듬을 줄도 알았어.
여진 사람들이 스스로 고개를 숙인 적도 있었으니, 알 만하지 않나.

또 이런 일도 있었다는군.
우리 조선 군사들이 여진을 공격하려는데 비가 왔다지.
그런데 최윤덕 장군이 하늘을 보고
비를 멈추게 해 달라고 소리치니까, 비가 뚝 그쳤다지 뭐야.
군사들이 얼마나 힘이 났겠나!
기세등등하게 적을 무찔렀지.
적들은 싸워 보지도 않고 달아났고,
우리 조선은 큰 승리를 거두었다네.

허, 이제야 내 차례로구먼.
쑥스럽지만 이야기하지.
나는 무예로 시험에 합격한 무관 출신이 아니라네.
열여섯 살에 문관으로 과거에 합격했지.
조선 시대를 통틀어도 열여섯 살 과거 급제는 손에 꼽았다네.
앞에서 내가 쓴 시 봤지?
자랑 같지만, 이래 봬도 여러 학문에 두루 능했어.
그런데 전하께서는 나를 북방에 붙박이로 두고
장군 노릇을 시키셨지.

우리는 두 번째 골칫덩이와 세 번째 골칫덩이를 몰아내고
그 자리에 성을 쌓아 4군과 6진을 세웠어.
최윤덕 장군이 지킨 압록강 주변 땅에는 4군,
내가 지킨 두만강 주변 땅에는 6진을 세우고
조선 땅이라고 쾅쾅 못 박았지.
조선의 국경선은 북쪽으로 훌쩍 올라갔어.
전하께서는 꿈을 이루셨다네.

이제 전하께서는 우리 조선 땅이 된 4군과 6진에 백성들을
가서 살게 하셨다네.
조선 백성들이 눌러살아야 조선 땅이 될 테니까.
하지만 백성들은 좀처럼 가려 하지 않았지.
4군과 6진이 있던 북쪽 땅은 날씨도 춥고 산세도 험한 곳이었어.
사람 살기 좋은 땅이라고는 할 수 없었지.
그래서 전하께서는 이런저런 수를 내셨다네.

백성들이 옮겨 가고 군사들도 6천 명 넘게 갔지.

처음에는 여진 사람들을 어떻게 다뤄야 할지 고민이었어.
나는 웬만하면 싸우지 말고 잘 지내자고 했지만,
싸워서 물리쳐야 한다는 의견도 거셌다네.

다행히 전하와 여러 신하가 내 편을 들어서 여진과 크게
부딪치지 않고 차근차근 북쪽 땅을 정리해 나갈 수 있었어.
여진의 침입이 잦아지면, 과감하게 전투도 했지.
적들을 어르고 달래고,
그렇게 우리 땅의 북쪽 경계를 세웠다네.
힘들었지만 보람된 날들이었어.

뭐가 가장 힘들었느냐고?
힘든 일이야 하나둘이었겠나.
따뜻한 곳에서 농사를 짓던 백성들이 추운 북쪽 지방에서
살자니 여간 고된 게 아니었어.
봄철에는 가뭄, 겨울철에는 추위와 굶주림,
게다가 전염병에도 시달렸지.

그 일로 우리 백성들이 3천6백여 명이나 죽고 말았다네.
척박한 북쪽 땅에서 여진과 맞선 백성들,
그들의 크나큰 희생과 끈질긴 노력으로
평안도와 함경도가 우리 조선 땅이 된 거라네.

전하의 의지
그리고 우리 국방 전문가의 완벽한 일솜씨,
백성들의 희생과 노력 덕분에 조선 땅은 한층 넓어졌지.
앞으로 조선은 이 넓어진 땅에서
멋진 나라로 성장할 걸세.
지켜보게나!

조선 시대

이종무, 쓰시마섬 공격. — 1419년

경복궁에서 자격루 시험 행사. — 1434년

드디어 한글 탄생!

장영실, 측우기 만듦. — 1447년

조선의 북쪽 국경은 저, 김종서한테 맡겨 주십시오!
찌릿☆

김종서, 6진 완성. — 1449년

문종, 왕이 됨. — 1450년

글 보린

'푸른문학상 미래의 작가상'을 받았습니다. 쓴 책으로는 '고양이 가장의 기묘한 돈벌이' 시리즈, 『컵 고양이 후루룩』, 『귀서각』, 『100원짜리만 받는 과자 가게』, 『뿔치』 등이 있습니다.

그림 허아성

어릴 적에는 역사 만화를 좋아하고, 국사책에 낙서하기를 즐기던 아이였습니다. 이 책에 그림을 그리며 그 시절이 떠올라 즐거웠습니다. 우리 친구들도 이 재미를 알게 되면 좋겠습니다. 그린 책으로는 『꿈의 자동차』, 『날아갈 것 같아요』, 『끼리끼리 코끼리』, 『사자도 가끔은』 등이 있으며, 쓴 책으로는 『내가 더더더 사랑해』가 있습니다.

감수 하일식

연세대학교 사학과를 졸업하고, 같은 학교 대학원에서 고대사를 연구하여 박사 학위를 받았습니다. 현재 연세대학교 사학과 교수로 학생들을 가르치고 있습니다. 쓴 책으로는 『신라 집권 관료제 연구』, 『경주 역사 기행』, 『한국 고대사 산책』(공저), 『고려시대 사람들의 삶과 생각』(공저) 등이 있습니다.